화엄경 제79권 (입법계품 39-20) 해설

그때에 선재동자가 공경히 예배하고 오른쪽으로 돌고 나서 말했다.
"대성이시여, 저 누각의 물을 열어 들어가게 해 주십시오."
하니 미륵보살이 그 누각 앞에서 손가락 한번 퉁기자 즉시 문이 열렸다. 선재가 기뻐 들어가니 그 넓이가 허공과 같고 아승지 보배로 땅이 되어 갖가지 궁전과 창호와 난간을 말로 다 할 수 없었다. 모든 생각과 장애, 미혹이 모두 다 없어져 버리고 미륵보살이 초발심 보살로부터 일생보처보살로 성장한 모습이 그 안에 낱낱이 부각되어 있었다.

그런데 그때 선재는 자기 몸이 곧 여래의 처소에 있는 것을 보고 모든 대중의 모임과 불자를 보고 기억하지 아니함이 없었다. 누각 안에서는 한량없는 음악소리가 법문으로 들려왔고, 보고 듣는 것 어느 하나 바라밀 아닌 것이 없었다. 마치 사람이 꿈속에서 만 가지를 보고 죽음에 임하여 하늘 궁전과 귀신 세계를 보드시 온갖 것을 다 보았다. 미륵보살이 말했다.
"이것이 3세 모든 경계에 들어가 잊지 않고 기억하는 지혜장이다. 이 속에 무진한 해탈문이 있으니 이것은 일생보처라야 얻는 것이다. 이것은 오직 보살의 신통력으로부터 와서 지혜에 의해 머물기 때문에 가는 것도 아니고 오는 것도 아니다. 보살은 반야로 어머니를 삼고 방편으로 아버지를 삼으며, 단바라밀로 유모 · 계바라밀로 양모 · 인욕바라밀로 장엄거리 · 정진바라밀로 양육 · 선정바라밀로 빨래 · 선지식은 가르치는 스승 · 여러 가지 깨달음은 동무 · 착한 법은 권속 · 보살은 형제 · 보리심은 집 · 이치대로 수행함은 집의 규모 · 땅은 터전 · 지혜는 가족 · 서원은 교법 · 행은 만족 · 대승은 가업이 되고 머리에 법의 물을 부어 일생보처가 되는 것이다. 그러니 너는 이제 다

시 문수보살에게 나아가 마지막 보살도를 물으라. 문수보살이 가진 공덕은 어떤 보살도 따라 갈 수 없기 때문이다.”

그리하여 선재동자는 문수보살이 살고 있는 보문국 소마나성을 향해서 갔다.

入法界品第三十九之二
十

爾時善財童子恭敬右遶
彌勒菩薩摩訶薩已而白之
言唯願大聖開樓閣門令我
得入時彌勒菩薩前詣樓閣
彈指出聲其門即開命善財

入(입) 善(선) 財(재) 心(심) 喜(희) 入(입) 已(이) 還(환) 閉(폐) 見(견) 其(기)
樓(루) 閣(각) 廣(광) 博(박) 無(무) 量(량) 同(동) 於(어) 虛(허) 空(공) 阿(아)
僧(승) 祇(기) 寶(보) 以(이) 爲(위) 其(기) 地(지) 阿(아) 僧(승) 祇(기) 宮(궁)
殿(전) 阿(아) 僧(승) 祇(기) 門(문) 闥(달) 阿(아) 僧(승) 祇(기) 窓(창) 牖(유)
阿(아) 僧(승) 祇(기) 階(계) 陛(폐) 阿(아) 僧(승) 祇(기) 欄(란) 楯(순) 阿(아)
僧(승) 祇(기) 道(도) 路(로) 皆(개) 七(칠) 寶(보) 成(성) 阿(아) 僧(승) 祇(기)
幡(번) 阿(아) 僧(승) 祇(기) 幢(당) 阿(아) 僧(승) 祇(기) 蓋(개) 周(주) 迴(회)

僧(승)	阿(아)	繒(증)	處(처)	瓔(영)	祇(기)	間(간)
祇(기)	僧(승)	帶(대)	垂(수)	珞(락)	眞(진)	列(렬)
天(천)	祇(기)	阿(아)	下(하)	阿(아)	珠(주)	阿(아)
諸(제)	寶(보)	僧(승)	阿(아)	僧(승)	瓔(영)	僧(승)
雜(잡)	鐸(탁)	祇(기)	僧(승)	祇(기)	珞(락)	祇(기)
華(화)	風(풍)	寶(보)	祇(기)	師(사)	阿(아)	衆(중)
懸(현)	動(동)	網(망)	半(반)	子(자)	僧(승)	寶(보)
阿(아)	成(성)	以(이)	月(월)	珠(주)	祇(기)	瓔(영)
僧(승)	音(음)	爲(위)	阿(아)	瓔(영)	赤(적)	珞(락)
祇(기)	散(산)	嚴(엄)	僧(승)	珞(락)	眞(진)	阿(아)
天(천)	阿(아)	飾(식)	祇(기)	處(처)	珠(주)	僧(승)

女 녀	敷 부	阿 아	僧 승	祇 기	雨 우	寶 보
像 상	座 좌	僧 승	祇 기	寶 보	阿 아	鬘 만
阿 아	上 상	祇 기	寶 보	鏡 경	僧 승	帶 대
僧 승	阿 아	寶 보	衣 의	然 연	祇 기	嚴 엄
祇 기	僧 승	座 좌	列 열	阿 아	細 세	阿 아
雜 잡	祇 기	阿 아	阿 아	僧 승	末 말	僧 승
寶 보	閻 염	僧 승	僧 승	祇 기	金 금	祇 기
諸 제	浮 부	祇 기	祇 기	寶 보	屑 설	衆 중
形 형	檀 단	寶 보	寶 보	燈 등	懸 현	寶 보
像 상	金 금	繒 증	帳 장	布 포	阿 아	香 향
阿 아	童 동	以 이	設 설	阿 아	僧 승	爐 로

사경의 공덕은 십만억 부처님께 공양한 것과 같은 공덕이 있습니다.

僧(승)祇(기)妙(묘)寶(보)菩(보)薩(살)像(상)處(처)處(처)充(충)徧(변)

阿(아)僧(승)祇(기)衆(중)鳥(조)出(출)和(화)雅(아)音(음)阿(아)僧(승)

祇(기)寶(보)優(우)鉢(발)羅(라)華(화)阿(아)僧(승)祇(기)寶(보)波(파)

頭(두)摩(마)華(화)阿(아)僧(승)祇(기)寶(보)拘(구)物(물)頭(두)華(화)

阿(아)僧(승)祇(기)寶(보)芬(분)陀(다)利(리)華(화)以(이)爲(위)莊(장)

嚴(엄)阿(아)僧(승)祇(기)寶(보)樹(수)次(차)第(제)行(항)列(렬)阿(아)

僧(승)祇(기)摩(마)尼(니)寶(보)放(방)大(대)光(광)明(명)如(여)是(시)

等無量阿僧祇諸莊嚴具以
등무량아승기제장엄구이

爲莊嚴又見其中有無量百
위장엄우견기중유무량백

千諸妙樓閣一一嚴飾悉如
천제묘누각일일엄식실여

上說廣博嚴麗皆同虛空不
상설광박엄려개동허공불

相障礙亦無雜亂善財童子
상장애역무잡란선재동자

於一處中見一切處一切諸
어일처중견일체처일체제

處悉如是見
처실여시견

爾時善財童子見毘盧遮
이시선재동자견비로자

那莊嚴藏樓閣如是種種不
나장엄장누각여시종종불

可思議自在境界生大歡喜
가사의자재경계생대환희

踊躍無量身心柔軟離一切
용약무량신심유연이일체

想除一切障滅一切惑所見
상제일체장멸일체혹소견

不忘所聞能憶所思不亂入
불망소문능억소사불란입

於無礙解脫之門普運其心
어무애해탈지문보운기심

普見一切普申敬禮纔始稽
보견일체보신경례재시계

首以彌勒菩薩威神之力自
수이미륵보살위신지력자

見其身徧在一切諸樓閣中
견기신변재일체제누각중

具見種種不可思議自在境
구견종종불가사의자재경

界所謂或見彌勒菩薩初發
계소위혹견미륵보살초발

無上菩提心時如是名字如
무상보리심시여시명자여

是種族如是善友之所開悟
시종족여시선우지소개오

令其種植如是善根住如是
壽在如是劫值如是佛處於
如是莊嚴剎土修如是行發
如是願彼諸如來如是衆會
如是壽命經爾許時親近供
養悉皆明見或見彌勒最初
證得慈心三昧從是已來號

사경의 공덕은 십만억 부처님께 공양한 것과 같은 공덕이 있습니다.

爲慈氏或見彌勒修諸妙行 (위자씨혹견미륵수제묘행)
成滿一切諸波羅蜜或見得 (성만일체제바라밀혹견득)
忍或見住地或見成就淸淨 (인혹견주지혹견성취청정)
國土或見護持如來正敎爲 (국토혹견호지여래정교위)
大法師得無生忍某時某處 (대법사득무생인모시모처)
某如來所受於無上菩提之 (모여래소수어무상보리지)
記或見彌勒爲轉輪王勸諸 (기혹견미륵위전륜왕권제)

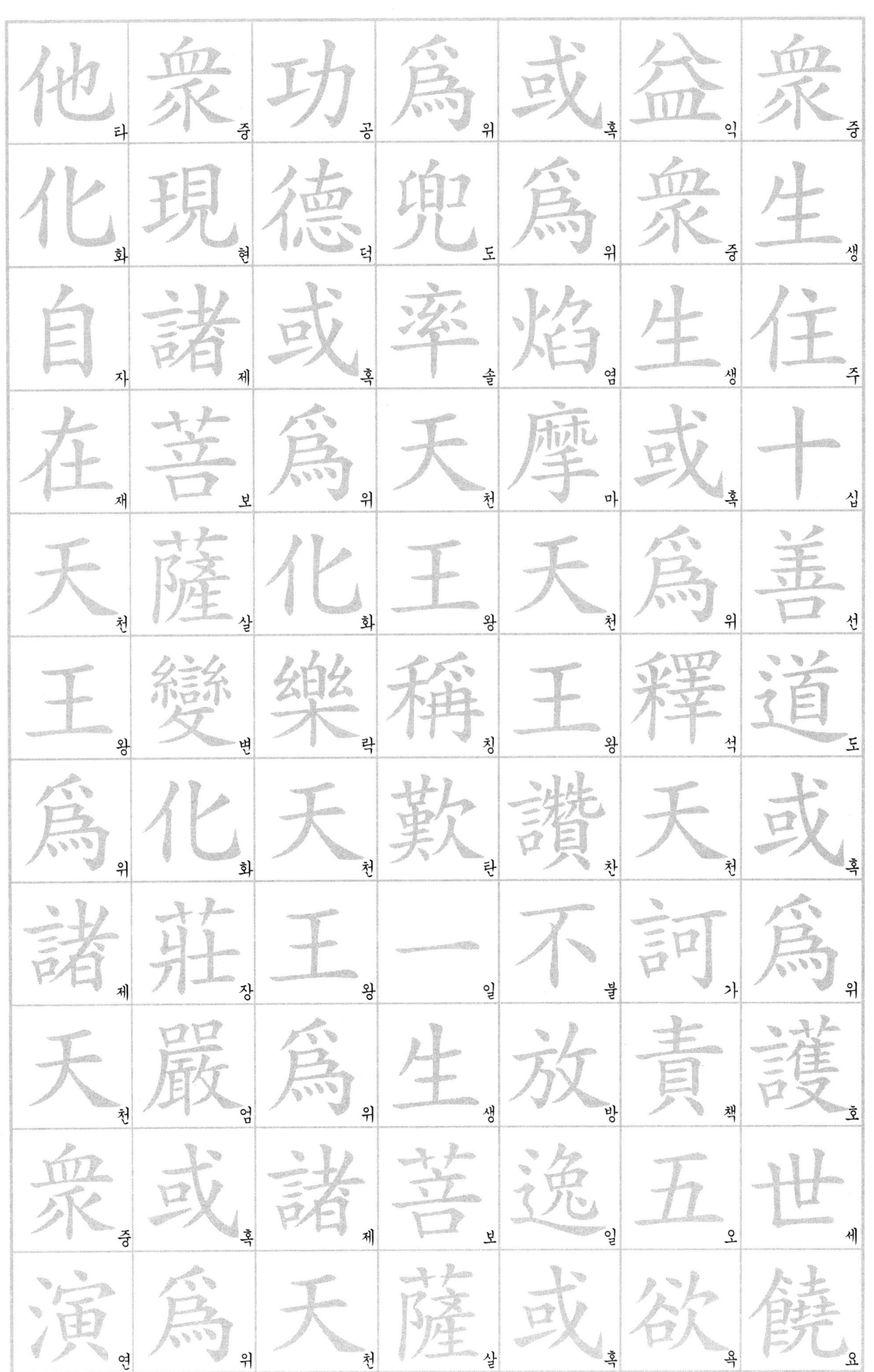
衆生住十善道或爲護世饒
중생주십선도혹위호세요
益衆生或爲釋天訶責五欲
익중생혹위석천가책오욕
或爲焰摩天王讚不放逸或
혹위염마천왕찬불방일혹
爲兜率天王稱歎一生菩薩
위도솔천왕칭탄일생보살
功德或爲化樂天王爲諸天
공덕혹위화락천왕위제천
衆現諸菩薩變化莊嚴或爲
중현제보살변화장엄혹위
他化自在天王爲諸天衆演
타화자재천왕위제천중연

說一切諸佛之法或作魔王
설일체제불지법혹작마왕

說一切法皆悉無常或爲梵
설일체법개실무상혹위범

王說諸禪定無量喜樂或爲
왕설제선정무량희락혹위

阿修羅王入大智海了法如
아수라왕입대지해요법여

幻爲其衆會常演說法斷除
환위기중회상연설법단제

一切憍慢醉傲或復見其處
일체교만취오혹부견기처

閻浮界放大光明救地獄苦
염부계방대광명구지옥고

或(혹) 見(견) 在(재) 於(어) 餓(아) 鬼(귀) 之(지) 處(처) 施(시) 諸(제) 飮(음)
食(식) 濟(제) 彼(피) 飢(기) 渴(갈) 或(혹) 見(견) 在(재) 於(어) 蓄(축) 生(생)
之(지) 道(도) 種(종) 種(종) 方(방) 便(편) 調(조) 伏(복) 衆(중) 生(생) 或(혹)
復(부) 見(견) 爲(위) 護(호) 世(세) 天(천) 王(왕) 衆(중) 會(회) 說(설) 法(법)
或(혹) 復(부) 見(견) 爲(위) 忉(도) 利(리) 天(천) 王(왕) 衆(중) 會(회) 說(설)
法(법) 或(혹) 復(부) 見(견) 爲(위) 焰(염) 摩(마) 天(천) 王(왕) 衆(중) 會(회)
說(설) 法(법) 或(혹) 復(부) 見(견) 爲(위) 兜(도) 率(솔) 天(천) 王(왕) 衆(중)

會說法或復見爲化樂天王
衆會說法或復見爲他化自
在天王衆會說法或復見爲
大梵王衆會說法或復見爲
龍王衆會說法或復見爲夜
叉羅刹王衆會說法或復見
爲乾闥婆緊那羅王衆會說

法(법)或(혹)復(부)見(견)爲(위)阿(아)修(수)羅(라)陀(타)那(나)婆(바)
王(왕)衆(중)會(회)說(설)法(법)或(혹)復(부)見(견)爲(위)迦(가)樓(루)
羅(라)摩(마)睺(후)羅(라)伽(가)王(왕)衆(중)會(회)說(설)法(법)或(혹)
復(부)見(견)爲(위)其(기)餘(여)一(일)切(체)人(인)非(비)人(인)等(등)
衆(중)會(회)說(설)法(법)或(혹)復(부)見(견)爲(위)聲(성)聞(문)衆(중)
會(회)說(설)法(법)或(혹)復(부)見(견)爲(위)緣(연)覺(각)衆(중)會(회)
說(설)法(법)或(혹)復(부)見(견)爲(위)初(초)發(발)心(심)乃(내)至(지)

사경의 공덕은 십만억 부처님께 공양한 것과 같은 공덕이 있습니다.

一生所繫已灌頂者諸菩薩
衆而演說法或見讚說初地
乃至十地所有功德或見讚
說滿足一切諸波羅蜜或見
讚說入諸忍門或見讚說諸
大三昧門或見讚說甚深解
脫門或見讚說諸禪三昧神

사경의 공덕은 십만억 부처님께 공양한 것과 같은 공덕이 있습니다.

通境界或見讚說諸菩薩行
통경계혹견찬설제보살행

或見讚說諸大誓願或見與
혹견찬설제대서원혹견여

諸同行菩薩讚說世間資生
제동행보살찬설세간자생

工巧種種方便利衆生事或
공교종종방편리중생사혹

見與諸一生菩薩讚說一切
견여제일생보살찬설일체

佛灌頂門或見彌勒於百千
불관정문혹견미륵어백천

年經行讀誦書寫經卷勤求
년경행독송서사경권근구

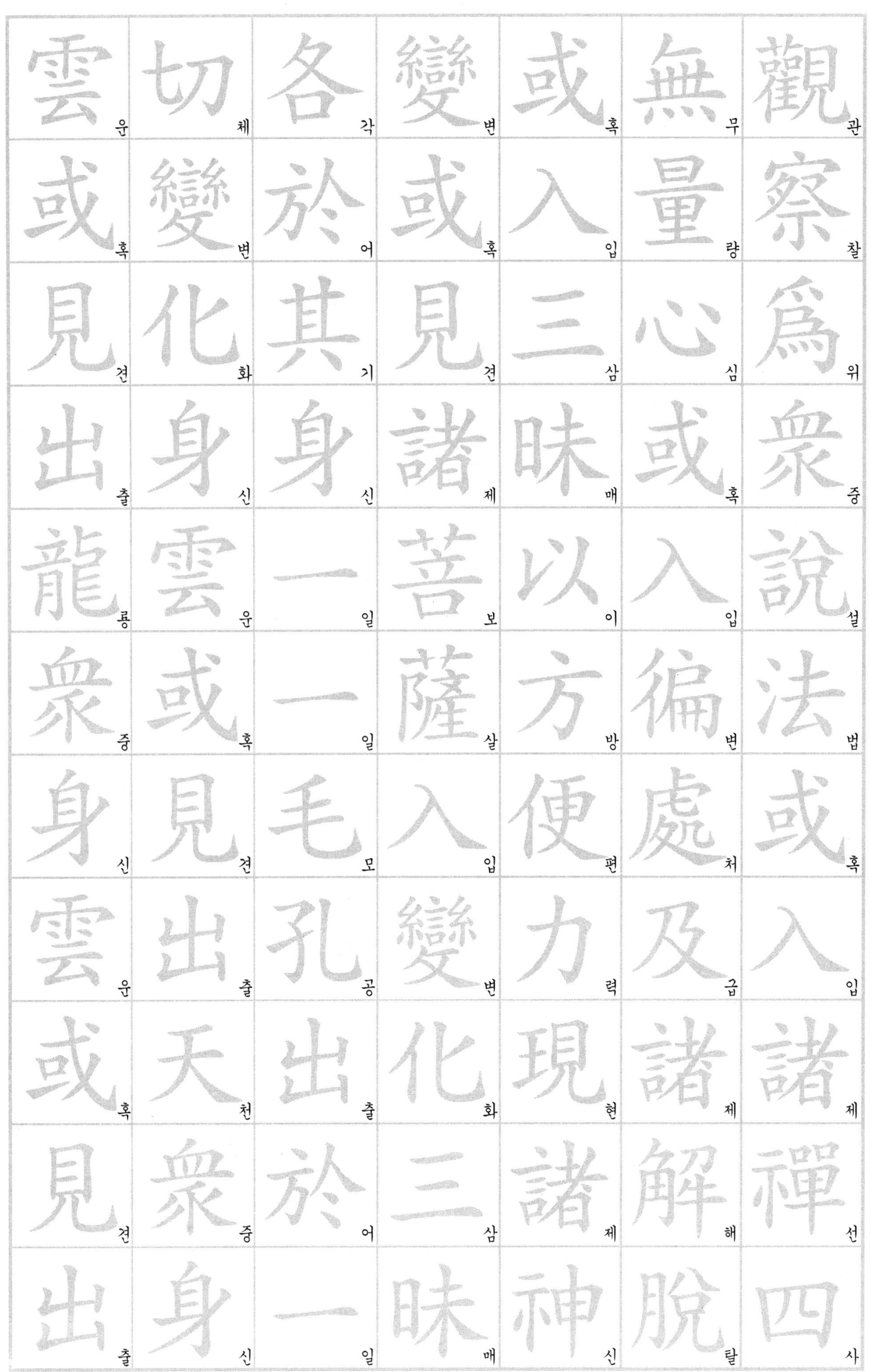
觀察爲衆說法或入諸諸禪四
無量心或入徧處及諸解脫
或入三昧以方便力現諸神
變或見諸菩薩入變化三昧
各於其身一一毛孔出於一
切變化身雲或見出天衆身
雲或見出龍衆身雲或見出

夜야 叉차 乾건 闥달 婆바 緊긴 那나 羅라 阿아 修수 羅라

迦가 樓루 羅라 摩마 睺후 羅라 伽가 釋석 梵범 護호 世세

轉전 輪륜 聖성 王왕 小소 王왕 王왕 子자 大대 臣신 官관

屬속 長장 者자 居거 士사 身신 雲운 或혹 見견 出출 聲성

聞문 緣연 覺각 及급 諸제 菩보 薩살 如여 來래 身신 雲운

或혹 見견 出출 一일 切체 衆중 生생 身신 雲운 或혹 見견

出출 妙묘 音음 讚찬 諸제 菩보 薩살 種종 種종 法법 門문

所(소) 謂(위) 讚(찬) 說(설) 菩(보) 提(리) 心(심) 功(공) 德(덕) 門(문) 讚(찬)

說(설) 檀(단) 波(바) 羅(라) 蜜(밀) 乃(내) 至(지) 智(지) 波(바) 羅(라) 蜜(밀)

功(공) 德(덕) 門(문) 讚(찬) 說(설) 諸(제) 攝(섭) 諸(제) 禪(선) 諸(제) 無(무)

量(량) 心(심) 及(급) 諸(제) 三(삼) 昧(매) 三(삼) 摩(마) 鉢(발) 底(저) 諸(제)

通(통) 諸(제) 明(명) 總(총) 持(지) 辯(변) 才(재) 諸(제) 諦(제) 諸(제) 智(지)

止(지) 觀(관) 解(해) 脫(탈) 諸(제) 緣(연) 諸(제) 依(의) 諸(제) 說(설) 法(법)

門(문) 讚(찬) 說(설) 念(념) 處(처) 正(정) 勤(근) 神(신) 足(족) 根(근) 力(력)

사경의 공덕은 십만억 부처님께 공양한 것과 같은 공덕이 있습니다.

法 법	種 종	來 래	諸 제	諸 제	乘 승	七 칠
利 이	性 성	大 대	功 공	忍 인	諸 제	菩 보
益 익	身 신	衆 중	德 덕	諸 제	獨 독	提 리
教 교	形 형	圍 위	門 문	行 행	覺 각	分 분
住 주	壽 수	遶 요	或 혹	諸 제	乘 승	八 팔
久 구	命 명	亦 역	復 부	願 원	諸 제	聖 성
近 근	刹 찰	見 견	於 어	如 여	菩 보	道 도
乃 내	劫 겁	其 기	中 중	是 시	薩 살	分 분
至 지	名 명	佛 불	見 견	等 등	乘 승	諸 제
所 소	號 호	生 생	諸 제	一 일	諸 제	聲 성
有 유	說 설	處 처	如 여	切 체	地 지	聞 문

사경의 공덕은 십만억 부처님께 공양한 것과 같은 공덕이 있습니다.

七(칠)步(보)觀(관)察(찰)十(시)方(방)大(대)師(사)子(자)吼(후)現(현)
爲(위)童(동)子(자)居(거)處(처)宮(궁)殿(전)遊(유)戲(희)園(원)苑(원)
爲(위)一(일)切(체)智(지)出(출)家(가)苦(고)行(행)示(시)受(수)乳(유)
靡(미)往(왕)詣(예)道(도)場(량)降(항)伏(복)諸(제)魔(마)成(성)等(등)
正(정)覺(각)觀(관)菩(보)提(리)樹(수)梵(범)王(왕)勸(권)請(청)轉(전)
正(정)法(법)輪(륜)昇(승)天(천)宮(궁)殿(전)而(이)演(연)說(설)法(법)
劫(겁)數(수)壽(수)量(량)衆(중)會(회)莊(장)嚴(엄)所(소)淨(정)國(국)

土所修行願教化成熟衆生
토소수행원교화성숙중생

方便分布舍利住持教法皆
방편분포사리주지교법개

悉不同
실부동

爾時善財自見其身在彼
이시선재자견기신재피

一切諸如來所亦見於彼一
일체제여래소역견어피일

切衆會一切佛事憶持不忘
체중회일체불사억지불망

通達無礙復聞一切諸樓閣
통달무애부문일체제누각

사경의 공덕은 십만억 부처님께 공양한 것과 같은 공덕이 있습니다.

內내 寶보 網망 鈴령 鐸탁 及급 諸제 樂악 器기 皆개 悉실

演연 暢창 不불 可가 思사 議의 微미 妙묘 法법 音음 說설

種종 種종 法법 所소 謂위 或혹 說설 菩보 薩살 發발 菩보

提리 心심 或혹 說설 修수 行행 波바 羅라 蜜밀 行행 或혹

說설 諸제 願원 或혹 說설 諸제 地지 或혹 說설 恭공 敬경

供공 養양 如여 來래 或혹 說설 莊장 嚴엄 諸제 佛불 國국

土토 或혹 說설 諸제 佛불 說설 法법 差차 別별 如여 上상

所說一切佛法悉聞其音敷 (소설일체불법실문기음부)

暢辨了又聞某處有某菩薩 (창변료우문모처유모보살)

聞某法門某善知識之所勸 (문모법문모선지식지소권)

導發菩提心於某劫某刹某 (도발보리심어모겁모찰모)

如來所某大衆中聞於某佛 (여래소모대중중문어모불)

如是功德發如是心起如是 (여시공덕발여시심기여시)

願種於如是廣大善根經若 (원종어여시광대선근경약)

사경의 공덕은 십만억 부처님께 공양한 것과 같은 공덕이 있습니다.

或 혹	爾 이	衆 중	願 원	如 여	成 성	干 간
聞 문	許 허	會 회	化 화	是 시	正 정	劫 겁
某 모	劫 겁	般 반	如 여	國 국	覺 각	修 수
處 처	利 이	涅 열	是 시	土 토	如 여	菩 보
有 유	益 익	槃 반	衆 중	具 구	是 시	薩 살
某 모	如 여	後 후	如 여	足 족	名 명	行 행
菩 보	是 시	正 정	是 시	莊 장	號 호	於 어
薩 살	無 무	法 법	聲 성	嚴 엄	如 여	爾 이
布 보	量 량	住 주	聞 문	滿 만	是 시	許 허
施 시	衆 중	世 세	菩 보	如 여	壽 수	時 시
持 지	生 생	經 경	薩 살	是 시	量 량	當 당

戒忍辱精進禪定智慧修習
如是諸波羅蜜或聞某處有
某菩薩爲求法故棄捨王位
及諸珍寶妻子眷屬手足頭
目一切身分皆無所悋或聞
某處有某菩薩守護如來所
說正法爲大法師廣行法施

如 여	命 명	如 여	某 모	衆 중	雨 우	建 건
是 시	說 설	是 시	如 여	生 생	造 조	法 법
無 무	如 여	國 국	來 래	一 일	佛 불	幢 당
量 량	是 시	土 토	於 어	切 체	塔 탑	吹 취
衆 중	法 법	如 여	某 모	樂 악	廟 묘	法 법
生 생	滿 만	是 시	劫 겁	具 구	作 작	蠡 려
善 선	如 여	衆 중	中 중	或 혹	佛 불	擊 격
財 재	是 시	會 회	成 성	聞 문	形 형	法 법
童 동	願 원	如 여	等 등	某 모	像 상	鼓 고
子 자	教 교	是 시	正 정	處 처	施 시	雨 우
聞 문	化 화	壽 수	覺 각	有 유	諸 제	法 법

사경의 공덕은 십만억 부처님께 공양한 것과 같은 공덕이 있습니다.

如(여)是(시)等(등)不(불)可(가)思(사)議(의)微(미)妙(묘)法(법)音(음)
身(신)心(심)歡(환)喜(희)柔(유)軟(연)悅(열)懌(역)則(즉)得(득)無(무)
量(량)諸(제)總(총)持(지)門(문)諸(제)辯(변)才(재)門(문)諸(제)禪(선)
諸(제)忍(인)諸(제)願(원)諸(제)度(도)諸(제)通(통)諸(제)明(명)及(급)
諸(제)解(해)脫(탈)諸(제)三(삼)昧(매)門(문)又(우)見(견)一(일)切(체)
諸(제)寶(보)鏡(경)中(중)種(종)種(종)形(형)像(상)所(소)謂(위)或(혹)
見(견)諸(제)佛(불)衆(중)會(회)道(도)場(량)或(혹)見(견)菩(보)薩(살)

衆會道場或見聲聞衆會道
중회도량혹견성문중회도

場或見緣覺衆會道場或見
량혹견연각중회도량혹견

淨世界或見不淨世界或見
정세계혹견부정세계혹견

淨不淨世界或見不淨淨世
정부정세계혹견부정정세

界或見有佛世界或見無佛
계혹견유불세계혹견무불

世界或見小世界或見中世
세계혹견소세계혹견중세

界或見大世界或見因陀羅
계혹견대세계혹견인다라

網망 世세 界계 或혹 見견 覆부 世세 界계 或혹 見견 仰앙
世세 界계 或혹 見견 平평 坦탄 世세 界계 或혹 見견 地지
獄옥 畜축 生생 餓아 鬼귀 所소 住주 世세 界계 或혹 見견
天천 人인 充충 滿만 世세 界계 於어 如여 是시 等등 諸제
世세 界계 中중 有유 無무 數수 大대 菩보 薩살 衆중
或혹 行행 或혹 坐좌 作작 諸제 事사 業업 或혹 起기 大대
悲비 憐연 愍민 衆중 生생 或혹 造조 諸제 論론 利이 益익

世(세) 間(간) 或(혹) 受(수) 或(혹) 持(지) 或(혹) 書(서) 或(혹) 誦(송) 或(혹)
問(문) 或(혹) 答(답) 三(삼) 時(시) 懺(참) 悔(회) 迴(회) 向(향) 發(발) 願(원)
又(우) 見(견) 一(일) 切(체) 諸(제) 寶(보) 柱(주) 中(중) 放(방) 摩(마) 尼(니)
王(왕) 大(대) 光(광) 明(명) 網(망) 或(혹) 青(청) 或(혹) 黃(황) 或(혹) 赤(적)
或(혹) 白(백) 或(혹) 玻(파) 瓈(려) 色(색) 或(혹) 水(수) 精(정) 色(색) 或(혹)
帝(제) 青(청) 色(색) 或(혹) 虹(홍) 蜺(예) 色(색) 或(혹) 閻(염) 浮(부) 檀(단)
金(금) 色(색) 或(혹) 作(작) 一(일) 切(체) 諸(제) 光(광) 明(명) 色(색) 又(우)

見(견)彼(피)閻(염)浮(부)檀(단)金(금)童(동)女(녀)及(급)衆(중)寶(보)
像(상)或(혹)以(이)其(기)手(수)而(이)執(집)華(화)雲(운)或(혹)執(집)
衣(의)雲(운)或(혹)執(집)幢(당)幡(번)或(혹)執(집)鬘(만)蓋(개)或(혹)
持(지)種(종)種(종)塗(도)香(향)末(말)香(향)或(혹)持(지)上(상)妙(묘)
摩(마)尼(니)寶(보)網(망)或(혹)垂(수)金(금)鎖(쇄)或(혹)挂(괘)瓔(영)
珞(락)或(혹)舉(거)其(기)臂(비)捧(봉)莊(장)嚴(엄)具(구)或(혹)低(저)
其(기)首(수)垂(수)摩(마)尼(니)冠(관)曲(곡)躬(궁)瞻(첨)仰(앙)目(목)

各 각	頭 두	莊 장	蓋 개	百 백	出 출	不 불
各 각	摩 마	嚴 엄	如 여	千 천	香 향	暫 잠
生 생	華 화	又 우	是 시	光 광	水 수	捨 사
於 어	拘 구	復 부	等 등	明 명	具 구	又 우
無 무	物 물	見 견	物 물	同 동	八 팔	見 견
量 량	頭 두	彼 피	一 일	時 시	功 공	彼 피
諸 제	華 화	優 우	切 체	照 조	德 덕	眞 진
華 화	芬 분	鉢 발	皆 개	耀 요	瑠 유	珠 주
或 혹	陀 타	羅 라	以 이	幢 당	璃 리	瓔 영
大 대	利 리	華 화	衆 중	幡 번	瓔 영	珞 락
一 일	華 화	波 파	寶 보	網 망	珞 락	常 상

手(수)或(혹)長(장)一(일)肘(주)或(혹)復(부)縱(종)廣(광)猶(유)如(여)
車(거)輪(륜)一(일)一(일)華(화)中(중)皆(개)悉(실)示(시)現(현)種(종)
種(종)色(색)像(상)以(이)爲(위)嚴(엄)飾(식)所(소)謂(위)男(남)色(색)
像(상)女(녀)色(색)像(상)童(동)男(남)色(색)像(상)童(동)女(녀)色(색)
像(상)釋(석)梵(범)護(호)世(세)天(천)龍(룡)夜(야)叉(차)乾(건)闥(달)
婆(바)阿(아)修(수)羅(라)迦(가)樓(루)羅(라)緊(긴)那(나)羅(라)摩(마)
睺(후)羅(라)伽(가)聲(성)聞(문)緣(연)覺(각)及(급)諸(제)菩(보)薩(살)

사경의 공덕은 십만억 부처님께 공양한 것과 같은 공덕이 있습니다.

如是一切衆生色像皆悉合
여시일체중생색상개실합

掌曲躬禮敬亦見如來結跏
장곡궁예경역견여래결가

趺坐三十二相莊嚴其身又
부좌삼십이상장엄기신우

復見彼淨瑠璃地一一步間
부견피정유리지일일보간

現不思議種種色像所謂世
현부사의종종색상소위세

界色像菩薩色像如來色像
계색상보살색상여래색상

及諸樓閣莊嚴色像又於寶
급제누각장엄색상우어보

사경의 공덕은 십만억 부처님께 공양한 것과 같은 공덕이 있습니다.

樹枝葉華果一一事中悉見
種種半身色像所謂佛半身
色像菩薩半身色像天龍夜
叉乃至護世轉輪聖王小王
王子大臣官長及以四衆半
身色像其諸色像或執華鬘
或執瓔珞或持一切諸莊嚴

明 명	明 명	色 색	普 보	入 입	瞻 첨	具 구
毘 비	兜 도	光 광	放 방	三 삼	仰 앙	或 혹
盧 로	沙 사	明 명	種 종	昧 매	目 목	有 유
遮 자	羅 라	銀 은	種 종	其 기	不 불	曲 곡
那 나	色 색	色 색	諸 제	身 신	暫 잠	躬 궁
寶 보	光 광	光 광	色 색	悉 실	捨 사	合 합
色 색	明 명	明 명	光 광	以 이	或 혹	掌 장
光 광	帝 제	珊 산	明 명	相 상	有 유	禮 예
明 명	青 청	瑚 호	所 소	好 호	讚 찬	敬 경
一 일	色 색	色 색	謂 위	莊 장	歎 탄	一 일
切 체	光 광	光 광	金 금	嚴 엄	或 혹	心 심

衆寶色光明瞻波迦華色光
중보색광명첨파가화색광

明又見諸樓閣半月像中出
명우견제루각반월상중출

阿僧祇日月星宿種種光明
아승기일월성수종종광명

普照十方又見諸樓閣周迴
보조시방우견제루각주회

四壁一一步內一切衆寶以
사벽일일보내일체중보이

爲莊嚴一一寶中皆現彌勒
위장엄일일보중개현미륵

曩劫修行菩薩道時或施頭
낭겁수행보살도시혹시두

目或施手足脣舌牙齒耳鼻
목혹시수족순설아치이비

血肉皮膚骨髓乃至爪髮如
혈육피부골수내지조발여

是一切悉皆能捨妻妾男女
시일체실개능사처첩남녀

城邑聚落國土王位隨其所
성읍취락국토왕위수기소

須盡皆施與處牢獄者令得
수진개시여처뇌옥자영득

出離被繫縛者使其解脫有
출리피계박자사기해탈유

疾病者爲其救療入邪徑者
질병자위기구료입사경자

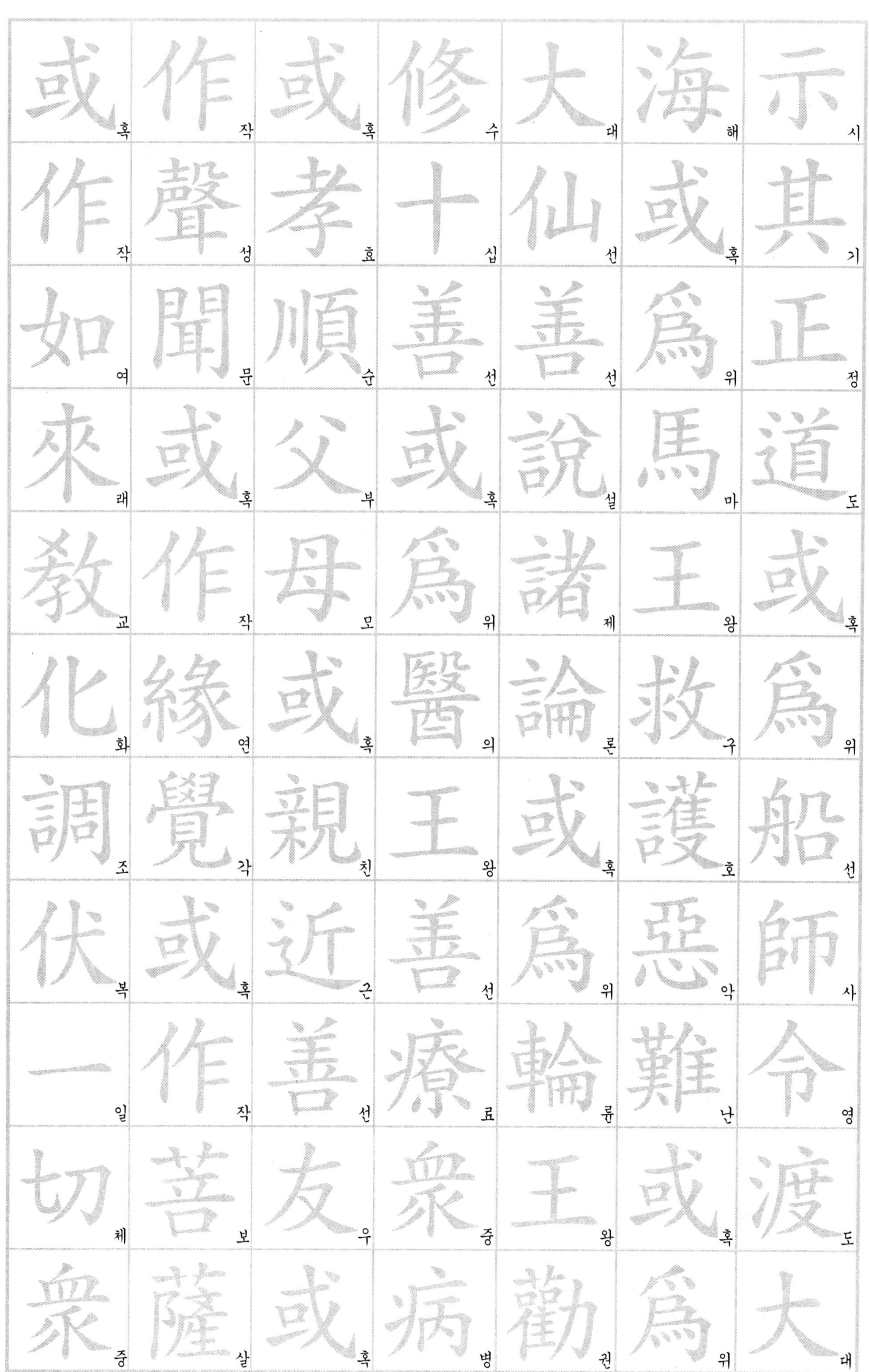

사경의 공덕은 십만억 부처님께 공양한 것과 같은 공덕이 있습니다.

生或爲法師奉行佛敎受持
생혹위법사봉행불교수지

讀誦如理思惟立佛支提作
독송여리사유입불지제작

佛形像若自供養若勸於他
불형상약자공양약권어타

塗香散華恭敬禮拜如是等
도향산화공경예배여시등

事相續不絶或見坐於師子
사상속부절혹견좌어사자

之座廣演說法勸諸衆生安
지좌광연설법권제중생안

住十善一心歸向佛法僧寶
주십선일심귀향불법승보

사경의 공덕은 십만억 부처님께 공양한 것과 같은 공덕이 있습니다.

亦 역	善 선	色 색	他 타	是 시	法 법	受 수
見 견	知 지	相 상	阿 아	於 어	受 수	持 지
彌 미	識 식	又 우	僧 승	彌 미	持 지	五 오
勒 륵	悉 실	見 견	祇 기	勒 륵	讀 독	戒 계
在 재	以 이	彌 미	劫 겁	菩 보	誦 송	及 급
彼 피	一 일	勒 륵	修 수	薩 살	如 여	八 팔
一 일	切 체	曾 증	行 행	百 백	理 리	齋 재
一 일	功 공	所 소	諸 제	千 천	修 수	戒 계
善 선	德 덕	承 승	度 도	億 억	行 행	出 출
知 지	莊 장	事 사	一 일	那 나	乃 내	家 가
識 식	嚴 엄	諸 제	切 체	由 유	至 지	聽 청

所親近供養受行其教乃至
소친근공양수행기교내지

住於灌頂之地時諸知識告
주어관정지지시제지식고

善財言善來童子汝觀此菩
선재언선래동자여관차보

薩不思議事莫生疲厭爾時
살부사의사막생피염이시

善財童子得不忘失憶念力
선재동자득불망실억념력

故得見十方淸淨眼故得善
고득견시방청정안고득선

觀察無礙智故得諸菩薩自
관찰무애지고득제보살자

在(재)智(지)故(고)得(득)諸(제)菩(보)薩(살)已(이)入(입)智(지)地(지)

廣(광)大(대)解(해)故(고)於(어)一(일)切(체)樓(누)閣(각)一(일)一(일)

物(물)中(중)悉(실)見(견)如(여)是(시)及(급)餘(여)無(무)量(량)不(불)

可(가)思(사)議(의)自(자)在(재)境(경)界(계)諸(제)莊(장)嚴(엄)事(사)

譬(비)如(여)有(유)人(인)於(어)睡(수)夢(몽)中(중)見(견)種(종)種(종)

物(물)所(소)謂(위)城(성)邑(읍)聚(취)落(락)宮(궁)殿(전)園(원)苑(원)

山(산)林(림)河(하)池(지)衣(의)服(복)飮(음)食(식)乃(내)至(지)一(일)

切(체) 資(자) 生(생) 之(지) 具(구) 或(혹) 見(견) 自(자) 身(신) 父(부) 母(모)

兄(형) 弟(제) 內(내) 外(외) 親(친) 屬(속) 或(혹) 見(견) 大(대) 海(해) 須(수)

彌(미) 山(산) 王(왕) 乃(내) 至(지) 一(일) 切(체) 諸(제) 天(천) 宮(궁) 殿(전)

閻(염) 浮(부) 提(제) 等(등) 四(사) 天(천) 下(하) 事(사) 或(혹) 見(견) 其(기)

身(신) 形(형) 量(량) 廣(광) 大(대) 百(백) 千(천) 由(유) 旬(순) 房(방) 舍(사)

衣(의) 服(복) 悉(실) 皆(개) 相(상) 稱(칭) 謂(위) 於(어) 晝(주) 日(일) 經(경)

無(무) 量(량) 時(시) 不(불) 眠(면) 不(불) 寢(침) 受(수) 諸(제) 安(안) 樂(락)

사경의 공덕은 십만억 부처님께 공양한 것과 같은 공덕이 있습니다.

從睡覺已乃知是夢而能明
종수각이내지시몽이능명

記所見之事善財童子亦復
기소견지사선재동자역부

如是以彌勒菩薩力所持故
여시이미륵보살력소지고

知三界法皆如夢故滅諸衆
지삼계법개여몽고멸제중

生狹劣想故得無障礙廣大
생협렬상고득무장애광대

解故住諸菩薩勝境界故入
해고주제보살승경계고입

不思議方便智故能見如是
부사의방편지고능견여시

自在境界譬如有人將欲命
자재경계비여유인장욕명

終見隨其業所受報相行惡
종견수기업소수보상행악

業者見於地獄畜生餓鬼所
업자견어지옥축생아귀소

有一切衆苦境界或見獄卒
유일체중고경계혹견옥졸

手持兵仗或瞋或罵囚執將
수지병장혹진혹매수집장

去亦聞號叫悲歎之聲或見
거역문호규비탄지성혹견

灰河或鑊湯或見刀山或
회하혹확탕혹견도산혹

見(견)劍(검)樹(수)種(종)種(종)逼(핍)迫(박)受(수)諸(제)苦(고)惱(뇌)
作(작)善(선)業(업)者(자)卽(즉)見(견)一(일)切(체)諸(제)天(천)宮(궁)
殿(전)無(무)量(량)天(천)衆(중)天(천)諸(제)婇(채)女(녀)種(종)種(종)
衣(의)服(복)具(구)足(족)莊(장)嚴(엄)宮(궁)殿(전)園(원)林(림)盡(진)
皆(개)妙(묘)好(호)身(신)雖(수)未(미)死(사)而(이)由(유)業(업)力(력)
見(견)如(여)是(시)事(사)善(선)財(재)童(동)子(자)亦(역)復(부)如(여)
是(시)以(이)菩(보)薩(살)業(업)不(부)思(사)議(의)力(력)得(득)見(견)

사경의 공덕은 십만억 부처님께 공양한 것과 같은 공덕이 있습니다.

自 자	不 불	一 일	是 시	悉 실	鬼 귀	一 일
謂 위	能 능	切 체	菩 보	皆 개	所 소	切 체
是 시	答 답	諸 제	薩 살	能 능	持 지	莊 장
龍 룡	譬 비	莊 장	智 지	答 답	見 견	嚴 엄
入 입	如 여	嚴 엄	慧 혜	善 선	種 종	境 경
於 어	有 유	事 사	之 지	財 재	種 종	界 계
龍 용	人 인	若 약	所 소	童 동	事 사	譬 비
宮 궁	爲 위	有 유	持 지	子 자	隨 수	如 여
於 어	龍 용	問 문	故 고	亦 역	其 기	有 유
少 소	所 소	者 자	見 견	復 부	所 소	人 인
時 시	持 지	靡 미	彼 피	如 여	問 문	爲 위

사경의 공덕은 십만억 부처님께 공양한 것과 같은 공덕이 있습니다.

사경의 공덕은 십만억 부처님께 공양한 것과 같은 공덕이 있습니다.

普見一切莊嚴境界種種差
보견일체장엄경계종종차

別不相雜亂譬如比丘入徧
별불상잡란비여비구입변

處定若行若住若坐若臥隨
처정약행약주약좌약와수

所入定境界現前善財童子
소입정경계현전선재동자

亦復如是入於樓觀一切境
역부여시입어누관일체경

界悉皆明了譬如有人於虛
계실개명료비여유인어허

空中見乾闥婆城具足莊嚴
공중견건달바성구족장엄

사경의 공덕은 십만억 부처님께 공양한 것과 같은 공덕이 있습니다.

悉分別知無有障礙譬如夜
叉宮殿與人宮殿同在一處
而不相雜各隨其業所見不
同譬如大海於中悉見三千
世界一切色像譬如幻師以
幻力故現諸幻事種種作業
善財童子亦復如是以彌勒

菩薩威神力故及不思議幻
보살위신력고급부사의환

智力故能以幻智知諸法故
지력고능이환지지제법고

得諸菩薩自在力故見樓閣
득제보살자재력고견누각

中一切莊嚴自在境界爾時
중일체장엄자재경계이시

彌勒菩薩摩訶薩即攝神力
미륵보살마하살즉섭신력

入樓閣中彈指作聲告善財
입루각중탄지작성고선재

言善男子起法性如是此是
언선남자기법성여시차시

菩薩知諸法智因緣聚集所
보살지제법지인연취집소

現之相如是自性如幻如夢
현지상여시자성여환여몽

如影如像悉不成就
여영여상실불성취

爾時善財聞彈指聲從三
이시선재문탄지성종삼

昧起彌勒告言善男子汝住
매기미륵고언선남자여주

菩薩不可思議自在解脫受
보살불가사의자재해탈수

諸菩薩三昧喜樂能見菩薩
제보살삼매희락능견보살

彌 미	力 력	是 시	如 여	薩 살	現 현	神 신
勒 륵	聖 성	善 선	來 래	行 행	種 종	力 력
告 고	者 자	知 지	願 원	聞 문	種 종	所 소
言 언	此 차	識 식	善 선	菩 보	上 상	持 지
善 선	解 해	加 가	財 재	薩 살	妙 묘	助 조
男 남	脫 탈	被 피	白 백	法 법	莊 장	道 도
子 자	門 문	憶 억	言 언	知 지	嚴 엄	所 소
此 차	其 기	念 념	唯 유	菩 보	宮 궁	流 류
解 해	名 명	威 위	然 연	薩 살	殿 전	願 원
脫 탈	何 하	神 신	聖 성	德 덕	見 견	智 지
門 문	等 등	之 지	者 자	了 요	菩 보	所 소

사경의 공덕은 십만억 부처님께 공양한 것과 같은 공덕이 있습니다.

名入三世一切境界不忘念
智莊嚴藏善男子此解脫門
中有不可說不可說解脫門
一生菩薩之所能得善財問
言此莊嚴事何處去耶彌勒
答言於來處去曰從何處來
曰從菩薩智慧神力中來依

명입삼세일체경계불망념
지장엄장선남자차해탈문
중유불가설불가설해탈문
일생보살지소능득선재문
언차장엄사하처거야미륵
답언어래처거왈종하처래
왈종보살지혜신력중래의

사경의 공덕은 십만억 부처님께 공양한 것과 같은 공덕이 있습니다.

菩薩智慧神力而住無有去
보살지혜신력이주무유거
處亦無住處非集非常遠離
처역무주처비집비상원리
一切善男子如龍王降雨不
일체선남자여용왕강우부
從身出不從心出無有積集
종신출부종심출무유적집
而非不見但以龍王心念力
이비불견단이용왕심념력
故霈然洪霔周徧天下如是
고패연홍주주변천하여시
境界不可思議善男子彼莊
경계불가사의선남자피장

嚴(엄) 事(사) 亦(역) 復(부) 如(여) 是(시) 不(불) 住(주) 於(어) 內(내) 亦(역)
不(불) 住(주) 外(외) 而(이) 非(비) 不(불) 見(견) 但(단) 由(유) 菩(보) 薩(살)
威(위) 神(신) 之(지) 力(력) 汝(여) 善(선) 根(근) 力(력) 見(견) 如(여) 是(시)
事(사) 善(선) 男(남) 子(자) 譬(비) 如(여) 幻(환) 師(사) 作(작) 諸(제) 幻(환)
事(사) 無(무) 所(소) 從(종) 來(래) 無(무) 所(소) 至(지) 去(거) 雖(수) 無(무)
來(래) 去(거) 以(이) 幻(환) 力(력) 故(고) 分(분) 明(명) 可(가) 見(견) 彼(피)
莊(장) 嚴(엄) 事(사) 亦(역) 復(부) 如(여) 是(시) 無(무) 所(소) 從(종) 來(래)

사경의 공덕은 십만억 부처님께 공양한 것과 같은 공덕이 있습니다.

亦無所去雖無來去然以慣
역무소거수무래거연이관
習不可思議幻智力故及由
습불가사의환지력고급유
往昔大願力故如是顯現善
왕석대원력고여시현현선
財童子言大聖從何處來彌
재동자언대성종하처래미
勒言善男子諸菩薩無來無
륵언선남자제보살무래무
去如是而來無行無住如是
거여시이래무행무주여시
而來無處無着不沒不生不
이래무처무착불몰불생부

住不遷不動不起無戀無着
주불천부동불기무연무착

無業無報無起無滅不斷不
무업무보무기무멸부단불

常如是而來善男子菩薩從
상여시이래선남자보살종

大悲處來爲欲調伏諸衆生
대비처래위욕조복제중생

故從大慈處來爲欲救護諸
고종대자처래위욕구호제

衆生故從淨界處來隨其所
중생고종정계처래수기소

樂而受生故從大願處來往
락이수생고종대원처래왕

昔願力之所持故從神通處
석원력지소지고종신통처

來於一切處隨樂現故從無
래어일체처수락현고종무

動搖處來恒不捨離一切佛
동요처래항불사리일체불

故從無取捨處來不役身心
고종무취사처래불역신심

使往來故從智慧方便處來
사왕래고종지혜방편처래

隨順一切諸衆生故從示現
수순일체제중생고종시현

變化處來猶如影像而化現
변화처래유여영상이화현

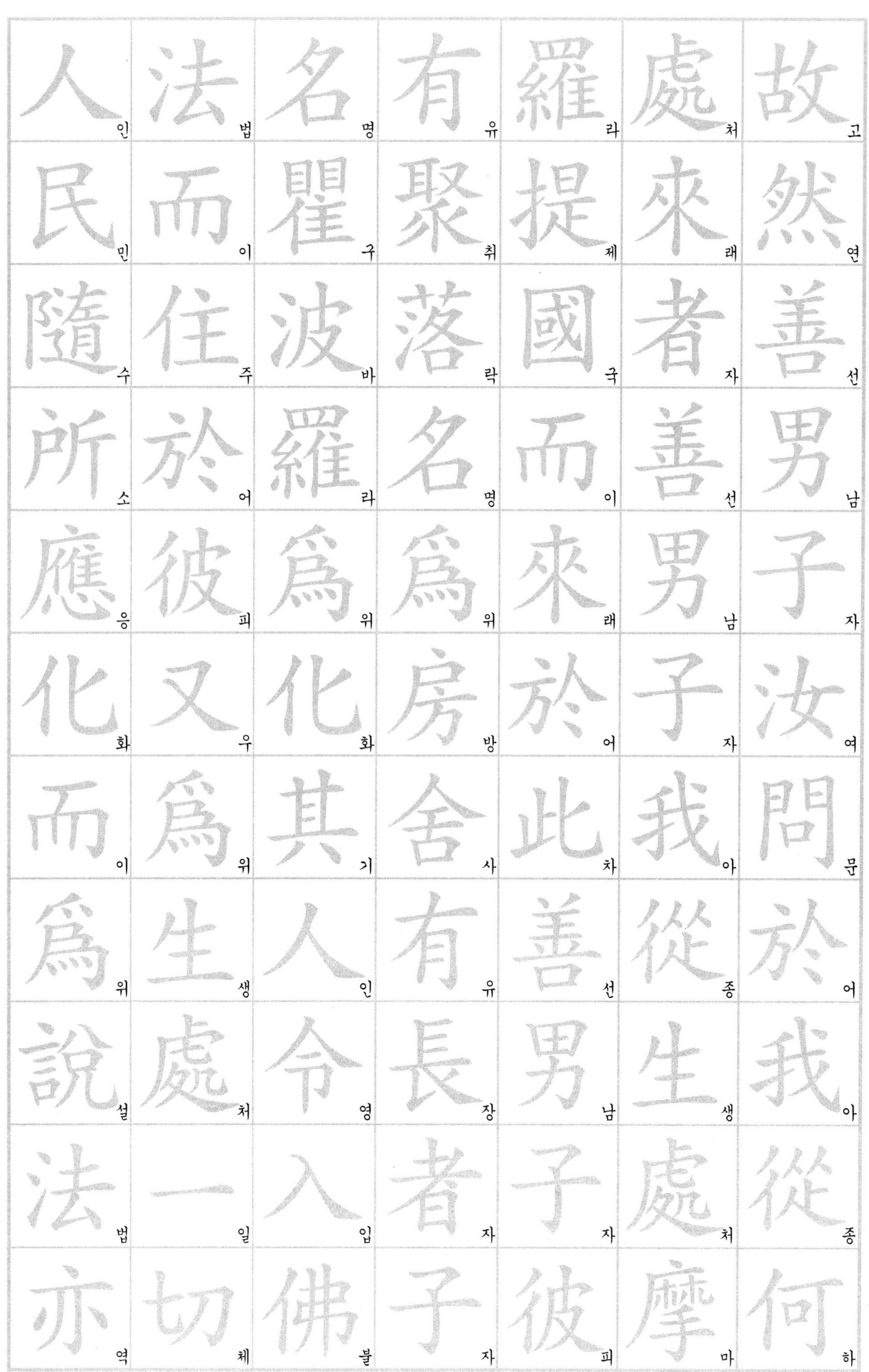

人 인	法 법	名 명	有 유	羅 라	處 처	故 고
民 민	而 이	瞿 구	聚 취	提 제	來 래	然 연
隨 수	住 주	波 바	落 락	國 국	者 자	善 선
所 소	於 어	羅 라	名 명	而 이	善 선	男 남
應 응	彼 피	爲 위	爲 위	來 래	男 남	子 자
化 화	又 우	化 화	房 방	於 어	子 자	汝 여
而 이	爲 위	其 기	舍 사	此 차	我 아	問 문
爲 위	生 생	人 인	有 유	善 선	從 종	於 어
說 설	處 처	令 영	長 장	男 남	生 생	我 아
法 법	一 일	入 입	者 자	子 자	處 처	從 종
亦 역	切 체	佛 불	子 자	彼 피	摩 마	何 하

사경의 공덕은 십만억 부처님께 공양한 것과 같은 공덕이 있습니다.

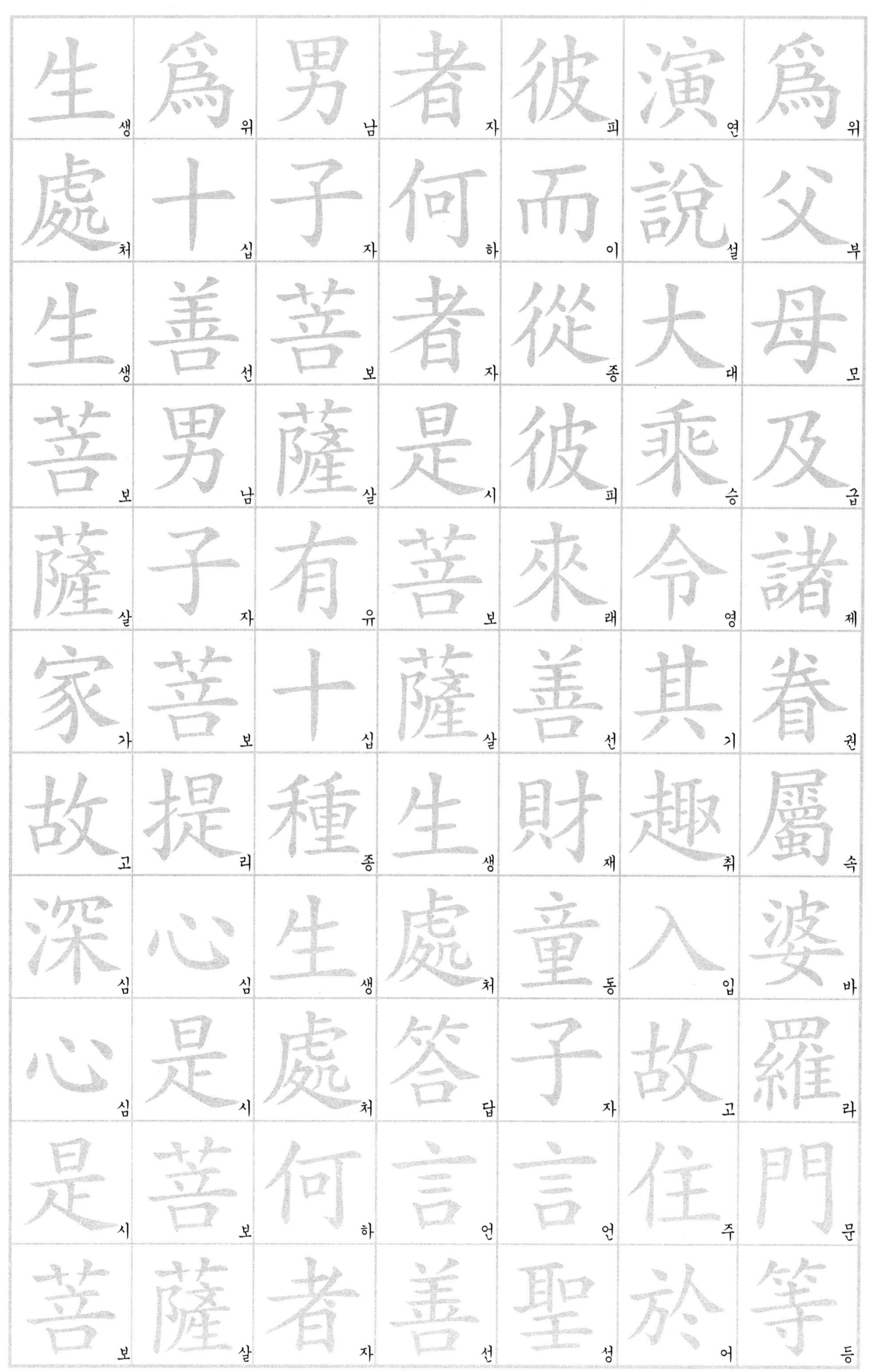
爲父母及諸眷屬婆羅門等
演說大乘令其趣入故住於
彼而從彼來善財童子言聖
者何者是菩薩生處答言善
男子菩薩有十種生處何者
爲十善男子菩提心是菩薩
生處生菩薩家故深心是菩

薩生處生善知識家故諸地 (살생처생선지식가고제지)
是菩薩生處生波羅蜜家故 (시보살생처생바라밀가고)
大願是菩薩生處生妙行家 (대원시보살생처생묘행가)
故大悲是菩薩生處生四攝 (고대비시보살생처생사섭)
家故如理觀察是菩薩生處 (가고여리관찰시보살생처)
生般若波羅蜜家故大乘是 (생반야바라밀가고대승시)
菩薩生處生方便善巧家故 (보살생처생방편선교가고)

教化衆生是菩薩生處生佛
교화중생시보살생처생불

家故智慧方便是菩薩生處
가고지혜방편시보살생처

生無生法忍家故修行一切
생무생법인가고수행일체

法是菩薩生處生過現未來
법시보살생처생과현미래

一切如來家故善男子菩薩
일체여래가고선남자보살

摩訶薩以般若波羅蜜爲母
마하살이반야바라밀위모

方便善巧爲父檀波羅蜜爲
방편선교위부단바라밀위

乳유 母모 尸시 波바 羅라 蜜밀 爲위 養양 母모 忍인 波바

羅라 蜜밀 爲위 莊장 嚴엄 具구 勤근 波바 羅라 蜜밀 爲위

養양 育육 者자 禪선 波바 羅라 蜜밀 爲위 浣완 濯탁 人인

善선 知지 識식 爲위 敎교 授수 師사 一일 切체 菩보 提리

分분 爲위 伴반 侶려 一일 切체 善선 法법 爲위 眷권 屬속

一일 切체 菩보 薩살 爲위 兄형 弟제 菩보 提리 心심 爲위

家가 如여 理리 修수 行행 爲위 家가 法법 諸제 地지 爲위

生 생	薩 살	菩 보	生 생	大 대	敎 교	家 가
如 여	如 여	提 리	所 소	乘 승	滿 만	處 처
來 래	是 시	爲 위	繫 계	爲 위	足 족	諸 제
家 가	超 초	能 능	菩 보	紹 소	諸 제	忍 인
住 주	凡 범	淨 정	薩 살	家 가	行 행	爲 위
佛 불	夫 부	家 가	爲 위	業 업	爲 위	家 가
種 종	地 지	族 족	王 왕	法 법	順 순	族 족
性 성	入 입	善 선	太 태	水 수	家 가	大 대
能 능	菩 보	男 남	子 자	灌 관	法 법	願 원
修 수	薩 살	子 자	成 성	頂 정	勸 권	爲 위
諸 제	位 위	菩 보	就 취	一 일	發 발	家 가

行(행)不(부)斷(단)三(삼)寶(보)善(선)能(능)守(수)護(호)菩(보)薩(살)
種(종)族(족)淨(정)菩(보)薩(살)種(종)生(생)處(처)尊(존)勝(승)無(무)
諸(제)過(과)惡(오)一(일)切(체)世(세)間(간)天(천)人(인)魔(마)梵(범)
沙(사)門(문)婆(바)羅(라)門(문)恭(공)敬(경)讚(찬)歎(탄)善(선)男(남)
子(자)菩(보)薩(살)摩(마)訶(하)薩(살)生(생)於(어)如(여)是(시)尊(존)
勝(승)家(가)已(이)知(지)一(일)切(체)法(법)如(여)影(영)像(상)故(고)
於(어)諸(제)世(세)間(간)無(무)所(소)惡(악)賤(천)知(지)一(일)切(체)

사경의 공덕은 십만억 부처님께 공양한 것과 같은 공덕이 있습니다.

法(법) 如(여) 變(변) 化(화) 故(고) 於(어) 諸(제) 有(유) 趣(취) 無(무) 所(소)
染(염) 着(착) 知(지) 一(일) 切(체) 法(법) 無(무) 有(유) 我(아) 故(고) 教(교)
化(화) 衆(중) 生(생) 心(심) 無(무) 疲(피) 厭(염) 以(이) 大(대) 慈(자) 悲(비)
爲(위) 體(체) 性(성) 故(고) 攝(섭) 受(수) 衆(중) 生(생) 不(불) 覺(각) 勞(로)
苦(고) 了(요) 達(달) 生(생) 死(사) 猶(유) 如(여) 夢(몽) 故(고) 經(경) 一(일)
切(체) 劫(겁) 而(이) 無(무) 怖(포) 畏(외) 了(요) 知(지) 諸(제) 蘊(온) 皆(개)
如(여) 幻(환) 故(고) 示(시) 現(현) 受(수) 生(생) 而(이) 無(무) 疲(피) 厭(염)

사경의 공덕은 십만억 부처님께 공양한 것과 같은 공덕이 있습니다.

切 체	惱 뇌	不 불	一 일	焰 염	界 계	知 지
趣 취	不 불	起 기	切 체	故 고	無 무	諸 제
通 통	能 능	染 염	法 법	入 입	所 소	界 계
達 달	欺 기	着 착	皆 개	於 어	壞 괴	處 처
無 무	誑 광	知 지	如 여	諸 제	滅 멸	同 동
礙 애	得 득	法 법	幻 환	趣 취	知 지	法 법
善 선	自 자	身 신	故 고	不 불	一 일	界 계
男 남	在 재	故 고	入 입	生 생	切 체	故 고
子 자	故 고	一 일	魔 마	倒 도	想 상	於 어
我 아	於 어	切 체	境 경	惑 혹	如 여	諸 제
身 신	一 일	煩 번	界 계	達 달	陽 양	境 경

普生一切法界等一切衆生
보생일체법계등일체중생

差別色相等一切衆生殊異
차별색상등일체중생수이

言音等一切衆生種種名號
언음등일체중생종종명호

等一切衆生所樂威儀隨順
등일체중생소락위의수순

世間教化調伏等一切淸淨
세간교화조복등일체청정

衆生示現受生等一切凡夫
중생시현수생등일체범부

衆生所作事業等一切衆生
중생소작사업등일체중생

想等一切菩薩願而現其身
상등일체보살원이현기신

充滿法界善男子我爲化度
충만법계선남자아위화도

與我往昔同修諸行今時退
여아왕석동수제행금시퇴

失菩提心者亦爲教化父母
실보리심자역위교화부모

親屬亦爲教化諸婆羅門令
친속역위교화제바라문영

其離於種族憍慢得生如來
기리어종족교만득생여래

種性之中而生於此閻浮提
종성지중이생어차염부제

界摩羅提國拘吒聚落婆羅
계마라제국구타취락바라
門家善男子我住於此大樓
문가선남자아주어차대누
閣中隨諸衆生心之所樂種
각중수제중생심지소락종
種方便教化調伏善男子我
종방편교화조복선남자아
爲隨順衆生心故我爲成熟
위수순중생심고아위성숙
兜率天中同行天故我爲示
도솔천중동행천고아위시
現菩薩福智變化莊嚴超過
현보살복지변화장엄초과

來 래	諸 제	生 생	現 현	令 영	欲 욕	一 일
所 소	同 동	菩 보	將 장	知 지	樂 락	切 체
遣 견	行 행	薩 살	降 강	諸 제	故 고	諸 제
來 래	故 고	共 공	生 생	天 천	令 영	欲 욕
者 자	爲 위	談 담	時 시	盛 성	知 지	界 계
令 영	欲 욕	論 론	大 대	必 필	有 유	故 고
如 여	敎 교	故 고	智 지	衰 쇠	爲 위	令 영
蓮 연	化 화	爲 위	法 법	故 고	皆 개	其 기
華 화	釋 석	欲 욕	門 문	爲 위	無 무	捨 사
悉 실	迦 가	攝 섭	與 여	欲 욕	常 상	離 리
開 개	如 여	化 화	一 일	示 시	故 고	諸 제

悟故於此命終生兜率天善
오고어차명종생도솔천선

男子我願滿足成一切智得
남자아원만족성일체지득

菩提時汝及文殊俱得見我
보리시여급문수구득견아

善男子汝當往詣文殊師利
선남자여당왕예문수사리

善知識所而問之言菩薩云
선지식소이문지언보살운

何學菩薩行云何而入普賢
하학보살행운하이입보현

行門云何成就云何廣大云
행문운하성취운하광대운

사경의 공덕은 십만억 부처님께 공양한 것과 같은 공덕이 있습니다.

何隨順云何清淨云何圓滿
善男子彼當爲汝分別演說
何以故文殊師利所有大願
非餘無量百千億那由他菩
薩之所能有善男子文殊師
利童子其行廣大其願無邊
出生一切菩薩功德無有休

息식 善선 男남 子자 文문 殊수 師사 利리 常상 爲위 無무

量량 百백 千천 億억 那나 由유 他타 諸제 佛불 母모 常상

爲위 無무 量량 百백 千천 億억 那나 由유 他타 菩보 薩살

師사 敎교 化화 成성 就취 一일 切체 衆중 生생 名명 稱칭

普보 聞문 十시 方방 世세 界계 常상 於어 一일 切체 諸제

佛불 衆중 中중 爲위 說설 法법 師사 一일 切체 如여 來래

之지 所소 讚찬 歎탄 住주 甚심 深심 智지 能능 如여 實실

사경의 공덕은 십만억 부처님께 공양한 것과 같은 공덕이 있습니다.

見一切諸法通達一切解脫

境界究竟普賢所行諸行善

男子文殊師利童子是汝善

知識令汝得生如來家長養

一切諸善根發起一切助道

法值遇眞實善知識令汝修

一切功德入一切願網住一

切大願爲汝說一切菩薩秘
체대원위여설일체보살비

密法現一切菩薩難思行與
밀법현일체보살난사행여

汝往昔同生同行是故善男
여왕석동생동행시고선남

子汝應往詣文殊之所莫生
자여응왕예문수지소막생

疲厭文殊師利當爲汝說一
피염문수사리당위여설일

切功德何以故汝先所見諸
체공덕하이고여선소견제

善知識聞菩薩行入解脫門
선지식문보살행입해탈문

사경의 공덕은 십만억 부처님께 공양한 것과 같은 공덕이 있습니다.

滿足大願皆是文殊威神之
만족대원개시문수위신지

力文殊師利於一切處咸得
력문수사리어일체처함득

究竟時善財童子頂禮其足
구경시선재동자정례기족

遶無量帀殷勤瞻仰辭退而
요무량잡은근첨앙사퇴이

去
거

發 願 文

귀의 삼보하옵고

거룩하신 부처님께 발원하옵나이다.

주 소 : ____________________

전 화 : ____________ 불 명 : ________ 성 명 : ________

불기 25 ______ 년 ______ 월 ______ 일